教会学校生徒の

ちから

まなべ あきら著

え・たかぎ あきら（小六）

はじめに

お友達のみなさん、こんにちは。いつも「教会学校生徒のための　いのり」や「教会学校生徒のしつもん　はてな？」を読んで下さって、ありがとう。

こんど新しい本、「教会学校生徒の力」ができました。「いのり」は、お祈りして、心でイエス様を知るための本ですね。「はてな？」は、聖書を勉強する時に、役に立つように書いてあります。これは頭でイエス様を知るための本です。

それでは、この「力」はどういう本かというと、手足や口や、からだ全体で働くための本です。ちょっと考えて下さい。よく食べて、よく寝ても、全然運動しなかったら、どうなりますか？　ふとりすぎて病気になるかもしれませんね。よく食べて、よく寝て、よく運動することが大切ですね。これと同じで、私たちは、心でイエス様を信じて、頭でよく聖書を勉強し、手足や口ではそれを行うことが大切です。だから、この本「力」は、働くための本、運動するための本です。

この本に書いてあることを、自分にあてはめて、行って下さい。そうすれば、イエス様がどんなにすばらしい力を、みなさんに与えて下さるかが、よく分かるようになります。

いつもイエス様が、お友達のみなさんと共にいて下さいますように。

一九八一年　二月一三日

著者　まなべ　あきら

（本書中の聖書の言葉は、日本聖書刊行会発行の新改訳聖書を用いました。日本聖書刊行会承認済）

ジーンとくる生き方

まなべあきら著　B６判　115頁 714 円

けっこう楽しい生活をしている。しかし心のどこかに空しさを感じている。もっと心にしみとおるようなジーンとくる生き方がしたい！　そんな生きがいを求めている人のために、わかりやすく書いた本です。

（目次紹介）

第一章　生きがいとは
　1　むねにジーンとくる生き方
　2　生きがいとは何か？
第二章　人は何のために生きるのか？
　1　人生の真の目的は何か
　2　人間は二度生まれる
　3　自己の性格の形成
　4　いったいこの自分は何者なのだ
　5　自己確立のための父との距離、母との距離
第三章　生きがいの喪失
　1　情熱を注いでいるか？
　2　無気力としらけ
第四章　未来に生きる
　1　心理学的未来
　2　生活設計はどのようにしてできるのか？
　3　現実の生活設計は、どうなっているのか？
　4　信頼と希望
第五章　生きがいと人間関係
　1　あたたかい心の交流
　2　友だち関係
　3　孤独と交わり

子どもの体力と創造力

まなべ　あきら著

B六判　155頁　定価1630円（本体1553円）送料260円

スポーツがさかんな現代なのに、なぜ、朝からあくびする子、家の中に閉じこもりがちの子、姿勢がしっかりしないグニャグニャの子、意欲のない子が多いのか。この本では、現代の子どもたちの体力と創造力に焦点を合わせています。

（内容）

1章　子どもの体に何かが起きている
2章　幼児にはマラソンよりごっこ遊び
3章　皮膚の鍛練
4章　足と腰
5章　意欲と体力
6章　運動あそびのさせ方
7章　体力と活力づくり
8章　活力は創造力を生む
9章　創造力を育てる
10章　親の態度と働きかけ
11章　創造力の乏しい子に対する対策
12章　家庭でこんなことをやってみよう

心の平安

まなべ　あきら著

Ｂ６　５３頁　４４1 円（送料２４０円）

マタイの福音書１１章２８節は、日本のクリスチャンの７０％以上の人が、救いに導かれるために心に感動を覚えた聖句です。本書は、この聖句から「心の平安」を持つための秘訣を、多くの経験をまじえて、分かりやすく解き明かしています。求道者や信仰を持って間もない方へのプレゼントにも最適です。

１章　疲れた人、重荷を負っている人

２章　休ませてあげます。

３章　わたしから学びなさい。

愛の絆によって

まなべ　あきら著

Ｂ６　１０７頁　609 円（送料　310 円）

しあわせは、偶然になれたり、なれなかったりするものではありません。あなたがこの本に記されているルツのような人になりさえするなら、必ずしあわせになることができます。この本は、現代人が失っている、しあわせのための心の条件をルツ記から具体的に拾い出して説き明しています。

（目　次　紹　介）

１．ヨーイ・ドンで間違うと
２．希望の光は見えないが
３．神にもどる旅
４．野心なしの積極的な求め
５．出会いはいつも不思議なもの
６．致せり、尽せり
７．さらに勝る恵み
８．希望の光が見えてきた
９．こよなく愛される「はしため」
１０．私があなたを買い戻します
１１．お金があっても、権利があっても、愛がなければ
１２．願いに勝るしあわせ

目次

Ｉコリント１３章「愛の章」　（各６０分テープ）

Ｉコリント１３章「愛の章」のメッセージ・テープが完結しました。これはＩコリントの連続説教の中で話されたものです。すでに、お友達から聞かれて、ご注文くださる方もおられて感謝しております。ご希望の方は、「愛の章」１４本セット（各６０分テープ）７０００円（送料含む）でお送りします。代金前納でお申し込み下さい。

１０本未満で、ご希望のときは、テープが１本５００円で、送料が実費かかります。

（送料　１本－１７５円　２本－２５０円　３～５本－３６０円　６～９本－６７０円）

（６６）「最高のもの」１２：３１、１３：１３
（６７）「愛がないなら」１３：１～３
（６８）「愛の特性（１）－寛容　親切　ねたまず」１３：４
（６９）「　〃　（２）－自慢せず　礼儀　自分の利益を求めず」１３：４～５
（７０）「　〃　（３）－怒らず」１３：５
（７１）「　〃　（４）－人のした悪を思わず」１３：５
（７２）「　〃　（５）－不正を喜ばず、真理を喜ぶ」１３：６
（７３）「愛の訓練」１３：７
（７４）「愛の訓練（２）」１３：７
（７５）「決して絶えることのない愛」１３：８
（７６）「愛の耐久性（１）－完全なものが現われたら」１３：９～１０
（７７）「　〃　（２）－子どものことをやめました」１３：１１
（７８）「　〃　（３）－今　と　その時」１３：１２
（７９）「愛・その栄光」１３：１３　１４：１（前半）　（１３章　完結）

（お申し込み先）
〒233-0012 横浜市港南区上永谷５－２２－２
地の塩港南キリスト教会文書伝道部
郵便振替　口座番号　００２５０－１－１４５５９
加入者名　宗教法人　地の塩港南キリスト教会
電話・FAX 045(844)8421

ファックスを入れましたので利用下さい。

①本の注文は、ファックスを使っていただくと、数分後にこちらに届きますので、３～４日で、そちらに本が届きます。

②メッセージテープのご注文の時は、郵便局で代金を振り込まれた時の受領証をはって、ご注文のテープの名前と番号を書いて、ファックスで送って下さい。一週間以内に、お送りできると思います。

③ファックスは、町のコンビニエンス・ストアにあります。

④必ず、ご自分のお名前、ご住所、電話番号をご記入ください。

地の塩港南キリスト教会の　ファックス番号（電話と共用）０４５（８４４）８４２１

［メッセージ・ホットサービスのご案内］

毎週の礼拝のメッセージ・テープ（６０分）を、その週のうちにお送りします。１年分（５２～５３週）の予約金３６，０００円（送料含む）を払い込んでください。毎月分割可（３０００円ずつ、１２ケ月）１年間予約された方にだけ、お送りします。

（申込先）〒233-0012 横浜市港南区上永谷５－２２－２
地の塩港南キリスト教会文書伝道部
電話・ＦＡＸ　045(844)8421　郵便振替00250-1-14559

結婚へのアドバイス　まなべ　あきら著

B6判　164頁　定価1,630円（本体1553円）〒310

祝福された結婚生活とクリスチャン・ホーム建設のための絶対必読書。これから結婚する人も、すでに結婚している人も、必ず役立ちます。

1章　結婚のための準備

1．尊敬される人になりなさい
2．模範的な夫婦をよく観察しなさい
3．できるだけ早く、祈り始めなさい
4．この人が神のみこころの人か？
5．結婚相手を求める前に、友を求めよ
6．相手をよく知り、自分もよく知ってもらう
7．思わせぶりの話をしないこと

2章　結婚を前提とした恋愛

8．恋愛のあいまいさ
9．恋愛にみられる三つのタイプ
10．愛することと恋愛
11．なぜ、愛するのか？
12．愛は、芽生えさせ、育てるもの
13．互いに同じ方向に向かう
14．良い影響を与える愛
15．恋愛における壁と自己矛盾
16．ほんとうに結婚したいのか？
17．恋愛する資格
18．異性の魅力とは何か？
19．健康な美人と不健康な美人
20．男女の偏見
21．恋愛は人を変えるか？
22．失恋の痛手
23．愛でない恋もある

3章　祝福された結婚をするために

24．デートのあとの自己診断
25．結婚の条件
26．祝福された結婚をするために

（申込先）〒233-0012 横浜市港南区上永谷5－22－2
地の塩港南キリスト教会文書伝道部
FAX共用・電話045（844）8421　郵便振替00250-1-14559

知られざる力（３２のこんなとき）新書判２１６頁

定価１０５０円（本体１０００円）　送料３１０円

すでに１４刷をして、１４年間のロング・セラーです。この本から多くの人が立ち上がり、救われています。「もっと早くこの本に会っていれば、よかったのに」という、ご感想が多数です。

（内容）

１．疲れて休息の必要な時
２．混乱の中で平安を求めている時
３．過度の緊張からくつろぎたい時
４．孤独で憂うつな時
５．弱くて未熟さを感じる時
６．欲望に負けそうな時
７．悲しみに直面した時
８．自己不信と劣等感に悩んでいる時
９．忍耐がためされる時
１０．からみつく恐れや悩みから解放されたい時
１１．忙しすぎてイラダッテいる時
１２．感情的に不安定な時
１３．幸福を求めている時
１４．敗北者から勝利者になりたい時
１５．罪のゆるしを求めている時
１６．自分の救いに確信がなくなった時
１７．あなた自身が変わりたい時
１８．高ぶって敗北した時
１９．苦しみに悩まされている時
２０．試練に直面した時
２１．多くの問題がのしかかってくる時
２２．不可避の困難に直面している時
２３．危機に直面した時
２４．神の保護に対して不安になった時
２５．祈りに力が乏しい時
２６．神のお導きを求めている時
２７．恵の高嶺を求めている時
２８．勇気を必要とする時
２９．臆病風に吹かれている時
３０．経済的に悩んでいる時
３１．人間関係を回復したい時
３２．不当に扱われた時

〒233-0012 横浜市港南区上永谷５－22－２
地の塩港南キリスト教会文書伝道部
電話 045（844）8421（FAX共用）

一、ケンカした時

ケンカした時、すぐに問題になるのは、どっちが悪いか？　どっちが先に手を出したか？　だね。たしかに、どっちかが先に手を出したんだ。でもね、ケンカは一人ではできないね。だから両方に責任がある。ケンカをしかけられても、相手にしなければ、ケンカにならないわけだからね。

ケンカが悪い罪なのは、どっちがより悪いか、ということではなくて、イエス様が悲しまれることだからなんだよ。ケンカした時は、どっちが悪いかより、イエス様を悲しませたことのほうが大きな問題なんだ。

聖書にこう書いてある。

「兄弟に向かって腹を立てる者は、だれでもさばきを受けなければなりません。……だから、祭壇の上に供え物をささげようとしているとき、もし兄弟に恨まれていることをそこで思い出したなら、供え物はそこに、祭壇の前に置いたままにして、出て行って、まずあなたの兄弟と仲直りをしなさい。」（マタイの福音書５章22～24節）

パウロは、「怒っても、罪を犯してはなりません。日が暮れるまで憤ったままでいてはいけません。」（エペソ人への手紙４章26節）と言いました。

ケンカした時は、イエス様の十字架を思い出しなさい。イエス様は君のケンカの罪のためにも十字架にかかって下さったのです。すぐにおいのりして、相手の人とも仲直りをしなさい。

二、両親にしかられた時

どうしてしかられたのか、分かっている時は、いいわけをしたり、逃げたりしないで、すなおにあやまりなさい。そうすれば、すぐにゆるしてくれるよ。どうしていつまでもおこられているのかというと、なかなかすなおな気持であやまらないからじゃないかな。

もし、しかられるようなことをした時は、両親がまだ気がついていなくても、こちらから早くあやまることだね。「すぐにあやまる」ことが大切だよ。「あとで」とか、「かくしておこう」と思っていると、だんだんあやまりにくくなるから、すぐにあやまることだ。そうすれば、いつまでもイヤな気分でいなくてすむ。スッキリした気持で、あそべるんじゃないかな。これは両親だけでなく、学校の先生や友達、それに近所の人に対しても同じだよ。「しかられたら、あやまる。」

ところで、しかられたあと、「自分はどうしてしかられたのかなあ？」と、思う時がないかな。しかられた理由がわからない時は、わかるまで説明してもらったらいい。君のほうにも言うことがあれば言ってもいい。だけど、すなおな気持でなければダメだよ。そして理由がわかったら、すなおにあやまりなさい。

しかしもっとも大切なことは、イエス様が喜ばれることだったのかどうかということだね。それをよく考えて、イエス様においのりしなさい。

『自分のそむきの罪を隠す者は成功しない。それを告白して、それを捨てる者はあわれみを受ける。』箴言28章13節

三、両親のいいつけを守りたくない時

どうして守りたくないのかなあ？「うるさく言うから」、「あそんでいる時にいいつけるから」、「他の人に言わないで、自分ばかりにいいつけるから」。まず、どうしていいつけを守りたくないのか、よく考えてごらん。

つぎに、君が両親のいいつけをキチンと守ると、両親がどれくらい助かるか、考えてみ

なさい。特に、両親がいそがしい時は、このことを考えるんだね。しかたなくするんじゃなくて、両親を助け、喜ばせるためにするような心をもちなさい。そうすれば、両親だって君のために、きっとよいことをしてくれる。君が両親を喜ばせるなら、両親だって君を喜ばせるようなことをしてくれるよ。

それでもやっぱり、「守りたくない」と思う人には、つぎのことをお話しよう。もし、両親が言った「いいつけ」を、イエス様が言ったのだったら、守らないだろうか？　お母さんのいいつけだと思うとイヤになる人は、イエス様のいいつけだと思いなさい。イエス様は、両親をとおして、いいつけをなさることがあるのは、本当だよ。だから、「ハイ、イエス様」と返事して、すぐにしよう。君がイエス様にいっしょうけんめいに従っているのを見て、両親もイエス様を信じるようになることだってあるからね。

だけど、両親が聖書の教えに反することをいいつけたら、どうしよう？　その時は、「私はイエス様を信じていますから、それはしません。」とハッキリ言いなさい。それでおこられても君は悪くない。イエス様は喜んで下さる。さあ、がんばろう。

『人々があなたがたの良い行ないを見て、天におられるあなたがたの父をあがめるようにしなさい。』マタイの福音書5章16節

教会学校生徒のちから　　まなべ　あきら著

Ｂ６７０頁 定価 608 円(本体５６３円)送料２４０円

子供たちは悩んでいます。この本は子供たちが実際に直面する３７の問題を取りあげて、その解決法を具体的に心の力となるように書いてあります。子供たちの間でも問題の多い現代に必ず役に立つ本です。

（目　次）

（申込先）〒２３３横浜市港南区上永谷５－２２－２
地の塩港南キリスト教会文書伝道部
☎０４５（８４４）８４２１
郵便振替　００２５０－１－１４５５９
加入者名　宗教法人　地の塩港南キリスト教会

敬虔な生活の訓練

まなべ　あきら　著　Ａ５判　３１０頁　定価３７０８円
送料３８０円

あなたがクリスチャンとして成長したいなら、この本は、最低１０回以上読むべきだと思います。私たちはだれでも、学問や信仰年数と関わりなく、聖徒になることができるのです。ただ、どのようにして、自分を訓練していったらよいのか知らないだけで、またそれを指導してくれる指導者を持っていないだけなのです。私は、心から神の道を歩んで、霊的成長を願っている人のために、はっきりと聖徒への道を示すこの本を書きました。この本で、すべて十分とは思いませんが、聖徒への道の入口は、はっきりと示しています。ぜひ、聖書とともに、この本を片手にして、聖徒への道を歩み出していただきたいとおもいます。

（内　容）

四、勉強がいやになった時

勉強が好きな人は、よっぽど勉強ができる人ぐらいじゃないかな。どうして勉強がいやになるんだろう。できないから。どうしてできないんだろう。勉強しないから。こういうようにグルグルとつながっているわけだ。

だからまず、勉強することから始めなければならない。そこで勉強ができるようになるために、大切なことを教えてあげよう。

まずイヤイヤ行っている塾をやめることだ。これはよく両親と相談しなければならないから、たいへんだが、イヤイヤやっていたって、勉強ができるようになるわけがない。

つぎに、学校では、よく先生の話を注意して聞くこと。これだけで勉強ができるようになるよ。君の友達で、できない人は、たいてい、授業中にペチャクチャ話していたり、あそんでいないかい。これがよくないんだ。自分によく分からないところがあったら、先生に質問するぐらいにしたいもんだね。分からないところがあったら、そのままにしておかないこと。これくらい学校で注意して聞いていたら、家に帰ったら、ずーっとあそんでいてもいいくらいだ。

家での勉強は今までどうしていたかな？　テレビをつけたままで、やっていなかったたかい。勉強する時は、テレビをけす。心を集中して勉強しないと、勉強したことにはならないよ。長い間しなくていい。毎日三十分テレビをけして勉強しなさい。そうすれば必ず出来るようになる。塾に行っている人よりずっと出来るようになる。

さいごに、君は何のために勉強しているのかな？　これをよく考えてごらん。将来イエス様のご用ができるようになるためだよね。このようなことに気をつけて、勉強してごらん。きっと出来るようになるよ。

『あなたは、学んで確信したところにとどまっていなさい。』テモテへの手紙第二3章14節

五、教会学校に行くのがいやになった時

今まで、どうして行っていたのかな？　カードをくれるから？　さんび歌やお話がおもしろかったから？　じゃ、どうしていやになったのかな。テレビを見たいから、みんなと遊びたいから、あきてきたからかな？

でも、そういうのはみんな、悪魔のゆうわくなんだよ。悪魔は君がいっしょうけんめい

人を動かす愛（対人関係の秘訣）　まなべあきら著

新書判　９６頁　定価713円　送料３１０円

私たちが一人で孤立して生きていけない以上、対人関係の問題は最大の問題です。ほとんどすべての悩みは、対人関係から出ていると言っても過言ではありません。本書は聖書から対人関係の秘訣を分かりやすく解説しています。必ずお役に立つ、ロング・ベスト・セラーです。

（内容）

第一章　一晩おけ

１．絶対議論しない
２．相手の間違いを露骨に正さない
３．負けるが勝ち
４．売り言葉に買い言葉
５．適切な質問を繰り返すこと
６．押しつけずに、悟らせよ
７．遠まわしに注意しよう
８．自分が未熟だった頃を思い出そう
９．自発性を重んじる
１０．相手の気持ちを踏みにじらない

第二章ほめることと励ますこと

１．スマイルを忘れない
２．相手の名前を使う
３．真心をもってほめる
４．正義感や美しい心情に訴える
５．欠点があっても、まず励ますこと

第三章　相手になりきれ

１．こちらから関心を示せ
２．よい聞き手になる
３．相手に話すチャンスを与えよ
４．相手の身になって考える
５．十分に同情しよう
６．相手の心を動かす手紙の書き方

(3刷目)送料240円

今日を生かせ！　まなべ　あきら著　Ｂ６判　42頁397円

私たちが自由にできる日は「今日」しかない。昨日も、明日も私のものではない。幸福は今日という日の上に立っている。それでは、どうすれば今日を充実させることができるか？　この本はその秘訣を語る。（目　次）

1．今日という日に生きよ
2．クヨクヨしたって何のトクになる
3．早死にしたくなければ
4．悩みの解決の為の第一歩

「悩みに勝つ力」 まなべ あきら著

B6判 252頁 定価2,160円 送料310円

第一章 悩みの原因
1、乱雑は悩みを生む
2、疲労の主な原因は倦怠
3、疲労と悩み
4、精神的、感情的緊張
5、内気
6、困難に直面すると
7、不当な非難を受けるとき

第二章 悩みのいろいろ
1、心の中の悩み
2、自己憐憫
3、仕事の悩み
4、不眠症の悩み
5、経済的悩み
6、結婚生活の悩み
7、主婦の悩み
8、過ぎ去ったことの悩み
9、どうにもならないことの悩み
10、感謝されない悩み
11、悩みは命取りになる

第三章 悩みの分析法

第四章 悩みの解決法
1、仕返しをしてはならない
2、心の態度を変えなさい
3、テキパキ問題を処理する方法
4、感情はコントロールできる
5、今日に生きる
6、没頭できるものを持ちなさい
7、信仰による解決
8、職業を選ぶ
9、創造的努力
10、自分の能力を発達させる要素

結 語

「実りある生活の秘訣」定価 (4刷)

まなべ あきら著 B6判175頁 1296円 送料310円

この本は、日常生活の具体的な面から、また心の内面的な面から、そして、神のみ前での敬虔な生活をするための基本的な、しかも重要な点を解き明かしています。

(内容)

1章 日常生活の秘訣
1、クリスチャンの生活基準は何か?
2、人を頼りにすると、ヒドイ目に会う
3、他人の言葉で傷つきませんか?

2章 内なる生活の秘訣
1、むなしい望みにしがみつくな
2、あなたにも苦しむ時があるはず
3、自制心は我慢ではない、など

3章 敬虔な生活の秘訣
1、神のみ前を歩むとは、どうすることか?
2、神のみ声を聞こう
3、キリストの十字架を受けなさい
4、あなたが主とお会いする日まで 全3章51項目

心を満たす祈り

(9刷目) まなべ あきら著

B6 69頁 566円 (送料240円)

祈りの重要性がいくらわかっていても、実際に祈ることから始めなければ、祈りの生活は身についてきません。この本は、日常の個人的祈りの助けとして、祈りの心を養い、霊的生活をするために書かれています。祈りの心得と三十一日間の朝夕の祈りが記されています。公会の祈禱書ではありません。

に教会学校に行って、イエス様を信じて天国に行くのがいやなんだ。一人でも地獄へ行く仲間がへるからね。

教会学校に行っていて、本当にいいことは、カードやプレゼントをもらうことではなくイエス様を信じることなんだ。イエス様を信じると、死んでも死なない永遠の命が心の中にいただける。これは、本当に心から信じた人でなければ、分からないね。それがわかっていない人は、しばらく行っていても、すぐにやめてしまうね。でもそれは悪魔のゆうわくにまけて、大切なものを失ってしまうことなんだよ。

教会学校はあそぶところではないから、おもしろいことばかりではないよ。でも心からイエス様を信じると、本当に楽しい所になるよ。心にいつも希望があるようになる。君も教会学校の先生に「どうしたらイエス様が信じられるのですか?」ときいてごらん。そしてイエス様を信じるまで行きつづけなさい。それに金言(聖書の言葉)をおぼえるようにがんばってごらん。楽しみはどんどんふえてくるよ。

いやになった時が、もっとも大切な時だ。悪魔のゆうわくにまけないで、がんばりなさい。そうすれば、イエス様も助けて下さる。そして必ず、すばらしい恵みをいただけるよ。

『ある人々のように、いっしょに集まることをやめたりしないで、かえって励まし合い、かの日が近づいているのを見て、ますますそうしようではありませんか。』ヘブル人への

手紙10章25節

六、家出したくなった時

どうして家出したくなったのかな？　両親がうるさく言うから。ほかの友達みたいに自由に遊びたいから。知らない所へ行ってみたい気持からかな。

人間はどっちみち、いつまでも親のもとにいるわけにはいかないんだ。だから、家を出るのにあわてることはない。人間には、親のもとにいなければならない期間と、親のもとで甘えてはいけない期間とがあるんだよ。たとえば小学一年生の子供が家出をしたら、どうなると思う？　誰も助けてくれなければ、すぐに死んでしまうだろう。だけど二十才を過ぎても、まだ乳母車にのせてもらっていたらどうだろう。おかしいね。けれども、むつかしいのはこの中間なんだ。小学上級生から中学生になってくると、何でも自分でやってみたい、独立をしたい、自分の力を試してみたいという気持が起きてくるんだね。これは、正しく成長している証拠で、よいことなんだよ。これは、これから大人になっていくための心の準備が始まっているわけだね。

クリスチャンの成長の秘訣

まなべ　あきら著　B6　269頁　定価2831円　送料310円

（内　　　容）

第一篇　成長のルール

第二篇　みことばによる成長

まなべあきらの本

1 悩みに勝つ力 2100円
2 知られざる力 1050円
3 今日を生かせ 386円
4 心の平安　441円
5 実りある生活の秘訣　1260円
6 人を動かす愛（対人関係の秘訣）693円
7 ｼﾞｰﾝとくる生き方　714円
8 自己建設 品切れ
9 みことばの黙想1（創世記）1029円
10 みことばの黙想2 出ｴｼﾞﾌﾟﾄ1-20　2038円
11 心を満たす祈り 550円
12 愛の絆によって 609円
13 最高の生き方 897円
14 仕事に挑戦 1050円
15 聖書が答える死と未来　504円
16 結婚へのｱﾄﾞﾊﾞｲｽ　1630円
17 宇宙の終末 788円
18 敬虔な生活の訓練　3600円
19 クリスチャンの背長の秘訣　2752円
20 日本人のための福音入門　895円
21 救われる為の実際方法　577円
22 聖書から学ぶ救いの道　157円
23 子どもの心を育てる　924円
24 妻の役目 1260円
25 家庭の幸福と子供のしつけ　998円
26 父と子のふれ合いの秘訣　504円
27 子どもの体力と創造力 1630円
28 家庭でできる創造的人格教育 1890円
29 勉強ができる子できない子 1890円
30 中高生へのｱﾄﾞﾊﾞｲｽ 998円
31 さると人間 63円
32ＣＳのはてな 591円
33ＣＳのちから 591円
34ＣＳのいのり 305円
35ＣＳの日々のみことば　441円
36ＣＳのあい　品切れ
37 おさなごのいのり 504円
38 弟子ｹﾞｰﾑ　157円
39 うれしくて　714円
（以下のものは、直接当部にご注文ください。）
40 個人伝道冊子「幸福へのスタート）31円
41「あなたはクリスチャンです」31円
42「上手な時間の使い方」105円
43 成功のための15ヶ条　105円
44 だれにでもできる個人伝道の手引き　52円
45 神との交わり（毎日のディボーション）315円
46 ﾊﾞｲﾌﾞﾙ･ｸﾗｽ入門ｺｰｽ2「ｷﾘｽﾄにある生活」525円
47 ﾊﾞｲﾌﾞﾙ･ｸﾗｽ入門ｺｰｽ3「ｸﾘｽﾁｬﾝ生活の重要素」525円

消費税値上り分
本の定価が上ります。

（発行所）〒233-0012　横浜市港南区上永谷5-22-2
地の塩港南キリスト教会文書伝道部　電話・ＦＡＸ045（844）8421

だけど、悪い意味で、家出したいと思うこともある。「おこられてシャクにさわるから、家出しておどかしてやれ」とか、「勉強がいやだし、家にいるのがいやだから」とか、「都会に出ていけば、楽しいことがいっぱいあるから家出する」人も多いよ。どこが間違っているかな。自分の心が、気分や他人の言葉や、誘惑に負けているんだね。そして逃げているんだ。こんなふうにして家出した人が、しあわせになれるはずがないね。

君は聖書の中の「ほうとう息子」の話を知っているかな。知らない人はルカの福音書15章11〜24節を読んでごらん。この弟は、お父さんのもとにいるのがイヤでイヤでたまらなくなり、お金をもらって家出をしたわけだ。彼はしあわせになったかな？　ブタ小屋の番人になって飢死しそうになった。彼がしあわせになったのは、自分の罪をおわびして、お父さんの所に帰った時だったね。

私は君に質問したい。君はこの「ほうとう息子」みたいな気持で、家出をしたいと思っていないかな。もしそうなら君が間違っている。たとい君の両親や他の人に悪い点があったとしても、君の心は罪を犯そうとしている。負けている。逃げ出す家出は、勝利ではない。今の自分に勝てなくて、どこに行ったら勝てるというのだろうか。勝てやしない。君が、家出をしたいという気持に勝てるようになった時、君の心は強くなったといえる。

どうしたら強い心になれるか？　イエス様を信じ、聖書を読み、お祈りすることによってだよ。教会の先生に、すぐに相談しなさい。

『あなたがたは、世にあっては、患難があります。しかし、勇敢でありなさい。わたしはすでに世に勝ったのです。』ヨハネの福音書16章33節

七、友だちにからかわれた時

まず、君が友だちをからかうような人ではないことを、イエス様に感謝しよう。特に、小さい子や弱い者をからかうことは、イエス様の前に悪い罪だよ。じょうだんでしていることも、すぎるとケンカになり、罪を犯すことになるから、注意しなければいけないよ。ふざけすぎないことが大切だ。

でも逆に、自分がからかわれたら、どうするか?

まず、言いかえしたり、しかえしをしないこと。君がまじめになっておこると、ますますからかってくるから、ひとまずだまって、その場をはなれなさい。君をからかっている友達は多分、イエス様を信じていないだろう。だから、そんなことをするのだ。もしイエス様を信じている人だったら、「そんなことを言って、イエス様がよろこぶと思うか?」

と教えてあげなさい。からかっている人は、いばった気持だから、決してイエス様に喜ばれない。それは罪だよ。罪の報酬は死なんだ。このことをわすれてはならない。

つぎに、その友だちがこまっている時には、心から親切にしてあげよう。そうすれば、自分がまちがっていたことに気がつくだろう。それに、からかわれても親切にしてくれた君のことを不思議に思うだろう。そこで教会学校にさそってあげるとよい。そうすれば、本当に仲のよい友だちになれると思うよ。

『悪に負けてはいけません。かえって、善をもって悪に打ち勝ちなさい。』ローマ人への手紙12章21節

八、ひとりでさびしい時

心でイエス様をしっかり信じていないと、誰でもさびしくなるんだね。それが人間というものだよ。どんなにたくさんの友達や家族といっしょにいても、けっきょくは人間は「ひとりぼっち」なんだね。心が「ひとりぼっち」なんだ。しかし、イエス様を信じると、「ひとりぼっち」じゃなくなる。いつも心にイエス様がいてくれるようになるからね。

どんな時に、さびしくなるかな、病気でねている時、知らない人ばかりの所に行った時、だれも友達になってくれない時、のけものにされた時かな。そんな時でも「イエスさま！」と呼んでみると、なぐさめてくれるよ。本当の心の友はイエス様しかいないからね。

ひとりでさびしい時は、どんなことをしたらいいかな？ 知っているさんび歌を心いっぱい歌いなさい。イエス様においのりしなさい。できれば聖書も読みなさい。教会に行って先生と話をするのもいいよ。「先生はいそがしいからなあ」と思わなくていいよ。教会の先生の仕事は、君のようなさびしい人と話をしてなぐさめることなんだから。

とにかく何もしないでクヨクヨしていることが、一番いけないんだ。もう一つ言っておこう。君のようにさびしがっている人は、他にもたくさんいるんだ。だから、自分から他の人のよい友達になってあげようという気持を持ちなさい。

『あなたがたはわたしの友です。』ヨハネの福音書15章14節

九、がっかりしている時

神様に出来ないことがあるとすれば、それはイエス・キリストを信じない人を救うこと

だね。しかし、がっかりしている人の心を励まして、立ち上がらせることも、むつかしいんだよ。

がっかりしている時は、心の中の力がみんなぬけてしまっているので、そのままでいたら、ますます悪い状態になってしまうね。

がっかりしている時は、それがどんな原因であっても、心の支えがなくなってしまっているからなんだ。君には、しっかりとしがみつくもの、頼るものが必要なんじゃないかな。ある時は、自分の方からしがみついていく力もなくなっているから、逆に自分をしっかりとつかんでくれる人が必要なんだよね。自分の心の中にプーッと命の息を吹き込んでくれる人がいるんだよね。そういうことをして下さるお方が、イエス・キリストなんだよ。次の聖書の言葉を読んでごらん。

『彼に信頼する者は、失望させられることがない。』ローマ人への手紙9章33節

「彼」とは、イエス様だね。イエス様に信頼し続けているなら、たとい失敗したように見えても、それをよい方に導いて下さるんだ、必ず。だから、あまり早くがっかりしてはいけないよ。がっかりすると、イエス様は、それより先は、君を助けることが出来なくなるからね。

失敗しても、成功しても、終ったことは、全部イエス様にまかせるようにしなさい。ち

ょうど花の種を地面にうめて、ほおっておくと、やがて芽が出て花が咲くように、君が、今がっかりしていることをイエス様にまかせておきなさい。そうすれば、やがてそれが芽を出して、どんなに自分に役に立ってくるかが、わかってくるよ。

『神を愛する人々、すなわち、神のご計画に従って召された人々のためには、神がすべてのことを働かせて益としてくださることを、私たちは知っています。』ローマ人への手紙8章28節、

コリント人への手紙第二4章7～18節も読んで下さい。

一〇、恐ろしくなった時

君はどんなことが、恐ろしいのかな？ 恐ろしいテレビを見て夜もねむれなかったという人もいるね。特にテレビは、非常に悪い番組も多いから、面白いから見るのではなく、よく選んで見るようにしないと、君の心は罪でいっぱいになってしまうよ。

次に、もう少しで死ぬような事件に会った時も、ふるえがとまらないほど恐ろしいね。自動車にぶつかりそうになったり、工事現場で材木がくずれてきたり。最近は、危いもの

がどこにでもあるから、十分気をつけていないと、どこで大ケガするか分からないよ。

　これ以外にも恐ろしいことがあるだろうね。小学一年生の女の子のミカちゃんが、いつも教会学校に来る途中に大きな犬をクサリでつないでいる家があったんだ。その犬は、人が通るとクサリをジャリジャリいわせて、とびかかってくるようにするんだね。それでミカちゃんは、ぶるぶるふるえてそこがどうしても通れなかったんだ。ある朝、教会学校に来る時、ミカちゃんはいいことを思いついたよ。それはね、イエス様にお祈りしながら、犬の横を通ることだ。ミカちゃんは「イエスさま助けて、イエスさま助けて、」と言いながら通ったね。犬はあいかわらず飛びついて来たけれど、ミカちゃんは少しも恐ろしくなくなって、それからは、毎週元気に教会学校に来ることが出来るようになったね。

　君も恐ろしくなった時、イエス様にお祈りしてごらん。きっとイエス様は君の心を強くして下さるよ。

　『ですから、私は、キリストの力が私をおおうために、むしろ大いに喜んで私の弱さを誇りましょう。ですから、私は、キリストのために、弱さ、侮辱、苦痛、迫害、困難に甘んじています。なぜなら、私が弱いときにこそ、私は強いからです。』コリント人への手紙第二12章9～10節

二、悲しい時

家族の人が死んだ時、なかよしの友達とわかれなければならない時、かわいがっているペットがいなくなった時など、親しくしていた人とわかれる時は、悲しいね。悲しい時は、泣いたらいいんだよ。もし君がイエス様を信じている人なら、その悲しいことをイエス様にお祈りしなさい。本当になぐさめて下さるのは、イエス様だけだね。私も、父が死んだ時、泣いたね。でもイエス様が心の中でなぐさめて下さったので、泣いていても心に希望があったね。みんながなぐさめてくれても、本当のなぐさめにはならなかったけれども、イエス様は心の中からなぐさめてくれたね。

しかし、どんなに悲しいことでも、いつまでも悲しんでいてはいけないよ。いつまでも悲しんでいると、病気になるからね。そのことは、全部神様にまかせて、また新しい道を歩かなければならないんだ。私たちは生きている限り、必ず悲しいことに出会う。しかしそれをこえていくと、それ以上の喜びがあるんだ。イエス様は、私たちの心の中に、なぐさめ主である聖霊を与えて下さるから、悲しい時にも、明るい心を持つことができるんだよ。そしてやがて天国に行くと、悲しみも涙もなくなってしまうんだ。

悲しい時には、イエス様を思いなさい。君の心がイエス様から離れていると、悲しみはますます大きくなって、君の心を押しつぶしてしまうかもしれない。しかしイエス様を心に思っているなら、心はやがて落ち着いてきて、晴れてくるよ。

『すべての懲らしめは、そのときは喜ばしいものではなく、かえって悲しく思われるものですが、後になると、これによって訓練された人々に平安な義の実を結ばせます。』ヘブル人への手紙12章11節

二、心配なことがある時

もうすぐ死のうとしている老人が、家族の人にこう言ったね。「私は長年生きてきて、ずいぶん沢山心配してきたけれど、その九〇パーセントは、ぜんぜん心配したようなことが起きなかったよ。たとい大変なことがおきても、イエス様にお祈りして助けていただいたからね。心配なんか、する必要がないんだ。」とね。

君は、どんなことで心配してるのかな。入学試験が合格するだろうか？ ひとりで旅行が出来るだろうか？ よい友達ができるだろうか？ 立派な大人になれるだろうか？ 考えると、どれもみんな心配になってくるね。

ところでイエス様はどうおっしゃっているかな。『心配するのはやめなさい』（マタイの福音書6章31節）といわれたね。マタイの福音書6章25〜34節をよく読んでごらん。どうして君が心配しなくていいのかがわかるよ。第一、君がいくら心配したって、自分の命を少しも延すことができないでしょう。それなら心配することをやめなさい。それより神様のことを考えることだ。神様は君のおとうさまだよ。おとうさまの神様が、君のことを心配していないだろうか？　君を大切にしてくれないだろうか？　君がどうなりたいのか知らないだろうか？　全部知ってるね。だから、この神様をしっかりと信じるんだ。

ここで心配すると、どういうことがおきるかを話しておこう。ある綱わたりの名人がこう言ったね。「私は初めのころ、綱の上にのると、いつも落ちやしないかと心配ばかりしていました。すると心に自信がなくなって、何回も何回も落ちてしまったのです。でもある時、大切なことがわかりました。落ちる落ちると心配していることは、綱の上を歩いていても、心の中ではもう落ちてしまっていることなのです。だから私はこう思うようにしました。たとい何回落ちても、必ず歩けるようになると。すると、どうでしょう。私の心に確信がわいてきて、ついに完全に歩けるようになったのです。」この話は大切なことだね。心配をくりかえしていると、必ず心配しているとおりになってしまうんだ。心配している時は、勉強にも仕事にも心が集中できないから、何もできなくなってしまって、ついに試験に落ちたり、失敗するようになるんだね。

次に、大切なことを、もう一つお話しておこう。たいてい心配なことは、今日のことではなく、あすより先のことが多いね。あすはまだきていないから、心配したって君の手でどうすることも出来ないんだよ。また本当にあす君が心配しているようなことが、おきるかどうかわからない。そのように、どうなるかわからないものや、今自分に何もできないことのために心配する人は、おろか者だよ。それより今君に出来ることを一生けん命やりなさい。今、君に出来ることを一生けん命にすることが、すばらしい君のあすをつくることになるんだ。あすのことで心配しているヒマがあるのなら、今のことに、全力をつくしてガンバロウ。

『あすのための心配は無用です。あすのことはあすが心配します。』マタイの福音書6章34節

一三、死にたいと思う時

最近、小学生や中学生が自殺をするようになったことは、本当に恐ろしいことです。こ

の最も大きな原因は、みんながイエス様を知らないことだね。私も「どうして自殺してはいけないんですか？」と何人もの人からきかれたね。どうしてこんなに多くの人が自殺するのか、というと、自殺したすべての人が、「どうして自殺してはいけないのか。自殺したあと、自分がどうなるのか、」全然知らなかったからなんだ。もしそれを知っていれば、だれ一人自殺なんかしなかっただろうね。だから自殺した人が口をそろえて叫んでいる言葉は、「しまった、もっと考えていればよかった！」だね。もし君が「自殺しようか」なんて考えているのなら、君は世界で一番おろかな人間がすることをしようと思っているんだ。自分から地獄へ行こうとしているんだ。自殺したら絶対に天国に入れない。そんな考えは、すてなさい。

聖書に何と書いてあるかな？

『殺してはならない。』（出エジプト記20章13節）

これは十戒の一つだね。この意味は何だろう。それは、他人を殺してはならないというだけでなく、自分をも殺してはならない、ということだね。そう、自殺してはいけないことを、神様は命じておられるんだ。自殺したいと思っている人は、「自殺したら、いやなことはみんな、なくなる」と思っているね。しかしそんなことは決してないんだ。

『人間には、一度死ぬことと死後にさばきを受けることが定まっているように』（ヘブ

ル人への手紙9章27節）

人間は死んだら、オシマイじゃないんだ。神様のさばきを受けて、長い永遠を地獄か天国ですごすんだ。君は、ちょっと苦しいからといって、自分のやるべきことを投げ捨てて自殺した人が、天国に行けると思うかな？

イエス様を裏切ったイスカリオテのユダは首つり自殺をしたけれど、天国に行ったと思うかな？ 地獄さ。もうこれで、「どうして自殺をしてはいけないか」よくわかったでしょう。

自殺は、神様が造って下さった命を、自分勝手に殺すことなんだから、キビシイさばきを受けるのは当然だよ。

だけど、どうして自殺する気になるんだろうか？ 両親にしかられたから、勉強がいやになったから、好きな人が自分から離れていったから、なんだかおもしろくないから、本当に苦しいことがあるから。みんなその理由は違うけれど、大切なことは、「どうしてこの世には苦しいことがあるのだろうか？」これを考えることだね。君は、スポーツにハードルというのがあるのを知ってるかな。選手が走りながらハードルを飛びこえて、早くゴールインした人が勝ち、というスポーツだ。これは単なるリレーよりむつかしいと思うよ。

このスポーツは、どうして飛びこえなければならないハードルをいくつもコースの間におくのだろう。それは選手の足や腰の筋肉を強くするためなんだ。同じことが私達の心についても言えるんだよ。いろいろな苦しいことがあるのは、ハードルなんだ。これは飛びこすためにあるんだ。一度で飛びこせないで失敗する時もあると思うよ。それでも何回も練習すると、飛びこせるようになる。そうしている間に、自分の心は訓練されて強くなっていくわけだね。ところがどうだろう。ハードルの前に来ただけで、「これはいやだから自殺しよう」という人を君が見たら、君はこの人を立派な強い人だと思うかな？　そうは思わないでしょう。失敗してもいいから、やってみるんだ。それこそ大切なんだ。きっと君の前にも苦しいハードルがおかれていると思うよ。まず小さいハードルから飛ぶ練習をするんだ。小さいのならすぐに飛びこせるからね。それから大きいのへと挑戦していくんだね。そのためには、お祈りと聖書の言葉によって、心が励まされていなければいけないね。教会の先生にお祈りしてもらうといいよ。

『そればかりではなく、患難さえも喜んでいます。それは、患難が忍耐を生み出し、忍耐が練られた品性を生み出し、練られた品性が希望を生み出すと知っているからです。』

ローマ人への手紙5章3～4節

一四、何か失敗した時

「失敗は成功の母」という言葉を聞いたことがないかな。よく考えてみると、人間は失敗することによって、いろいろなことを覚えていくようだね。歩き始めた小さい子は、何回も何回も倒れた後、ついに歩けるようになるね。字をおぼえる時だって、同じだね。字じゃない字みたいなのを書きながら、正しい字が書けるようになったんじゃなかったかな。だから一回も失敗しなかったら、何もわからない人になってしまうかもしれないね。

失敗すると、がっかりする。悲しくなる。恥しい。その気持わかるよ。だけど、それで終っては、失敗した意味がない。失敗したら、その失敗を生かして使わなくてはいけないんだ。ある時、ひとりの人から手紙が来た。その手紙には、「三人の受験生をあずかっていたんだけど、三人とも失敗して非常にがっかりしている。」と書いてあったんだね。それで、私はその三人の受験生に手紙を書いてあげたよ。「試験に失敗したのは残念だけど、チャンスはまだある。それよりも、この失敗をとおして、この世には、自分の力では思いどおりにいかないこともあることを知って、いい勉強になったんじゃないかな。これからは、へりくだった心をもって、一生けん命がんばって下さい」とね。

もし、することが何でもうまくいって、成功ばかりしていれば、人の心はどうなるだろうか。必ず高ぶり、いばりちらすようになるだろうね。そんな人になるより、失敗しているほうが、もっと幸福だね。君も失敗の意味を生かして使って下さい。

『神を愛する人々、すなわち、神のご計画に従って召された人々のためには、神がすべてのことを働かせて益としてくださることを、私たちは知っています。』ローマ人への手紙８章28節

一五、つかれた時

若い時は、疲れないのが普通だよ。疲れても一晩寝れば、すっかり元気になるはずだね。君は元気にスポーツをしたことがあるかな？　その夜、疲れてグッスリ眠り、次の朝、起きた時、どんな気持だった。晴れ晴れとして気持がいいね。若い人はこれが普通なんだ。

ところが今の小学生や中学生は、自分の好きでもない学習塾や習いごとに行かされているから、友達と遊ぶヒマもなくて、いそがしくて、いそがしくて、疲れ切っているんじゃないかな。しかもイヤイヤ行っていたら、心も疲れて、不平不満が出てきて、「そんなに言うなら、お母さんが行ったらどうだ！」と言いたくなる人もあると思うね。こんな心に

なったら、学習塾も習いごとも、害になるだけだね。
自分がイヤなことを、ヤラサレル。これが一番疲れるね。君にそんなことはないかな。習いごとなら、君の好きなもの一つだけにすることだよ。二つも三つもすれば、疲れに行くようなものだ。そして結局は少しも上手にならなくて、すぐに止めてしまうことになるんだね。もしお母さんが、沢山の習いごとをさせると言ったら、お母さんにこう言いなさい。「お母さんだって、一度にせんたくと、そうじと、食事の用意をしたら、疲れて出来ないでしょう。ぼくも同じだよ」ってね。学習塾も同じだね。君がもし勉強が出来る方なら、塾に行かなくても、勉強は出来るようになる。君がもし勉強が出来ない方なら、塾に行っても、あまり出来るようにはならないと思うね。塾に行って、急に出来るようになった人はあまりいないからね。

そこで勉強が好きになるヒケツを君に教えてあげよう。勉強が好きになれば、シメタものだ。必ず出来るようになる。そのヒケツとは、毎日、あす学校で習うところを予習しておくことだ。国語なら、ひと通り読んでみて、知らない漢字や言葉を全部、辞書で調べておこう。英語も同じ。算数や数学は、練習問題もやっておくこと。そうすれば、自分の間違っているところや、分からないところがすぐに分かって、先生に質問出来るからね。先生は教えるためにいるんだから、分かるまで聞くんだ。分からないままにしておくと、勉強がイヤになり、出来なくなってしまうんだ。特に、苦手のものを予習しておくことだね。やってごらん、次の学期の君の成績はグンとあがって、先生も両親も目を丸くして喜ぶよ。

　このほかにも疲れることがあるね。子供から大人に向かって段々成長していくころには、いろいろ不安なことや心配なことが、多くなってくるからね。これも心が成長しているしるしの一つなんだけどね。背が低くて悩んだり、ふとっていて悩んだり、大人からみれば、なんでもないことが、中学生には大きな悩みになったりするからね。人によっては、もっと深い悩みを持っている人もいる。家庭の問題や生きる悩みだね。でもイエス様は、「どんな問題でも私のもとに持ってきなさい。私が解決して、あなたがたを休ませてあげよう」と言って下さっているんだよ。

　体が疲れている人は、食事をして、風呂にはいって、早く寝なさい。そうすれば元気になる。心が疲れている人は、聖書を読み、イエス様にお祈りして、新しい力を頂きなさい。『すべて、疲れた人、重荷を負っている人は、わたしのところに来なさい。わたしがあなたがたを休ませてあげます。』マタイの福音書11章28節、イザヤ書40章28〜31節も読んで下さい。

一六、病気になった時

イエス様は、たいていの病気をなおしてくれるよ。だけど、わがまま言っていてはいけない。よくイエス様にお祈りして、苦しさにも勝てるようにしていただきましょう。そしてお医者さんの言うことも守れるように、力を与えていただきましょう。そうすれば、早くなおる。

しかし、なおりにくい病気の人もいます。みんなのよく知っているパウロ先生は、長い間病気でした。そこで三度もイエス様にお祈りしましたが、イエス様はパウロ先生に『わたしの恵みは、あなたに十分である。というのは、わたしの力は、弱いうちに完全に現われるからである。』（コリント人への手紙第二12章9節）と言われました。そして、とうとうパウロ先生の病気は、なおりませんでした。それでもパウロ先生は、元気な人よりずっと多く、イエス様のお仕事をしたのです。どうしてイエス様がパウロ先生の病気をなおさなかったのかといえば、パウロ先生が、高ぶっていばることのないためです。いつも「イエス様の助けがなければ、私は働くことができません。」という心を持ちつゞけるためだったのです。パウロ先生はそのことがよくわかりましたから、自分の病気のことで、悲しみませんでした。

なかなかなおらない病気のお友だち！　がんばって下さい。お祈りするなら、必ずイエス様の力が君の心に与えられます。

一七、友達と競争して負けた時

「まけて、くやしい！」そんな気持かな？　遊びで負けても、くやしがっている人がいるくらいだから、まして試合や勉強で負けたとあっては、くやしいだろうね。

しかし、いつまでくやしがっていても、勝てるわけではない。今回負けたことを薬として、これからガンバロウ。競争はこれで終りじゃない。まだ始まったばかりだからね。

正しいことで競争するのは、よいことだ。競争しないと、進歩がないからね。しかし、間違った競争をすると、バカげたことになる。テストの点とり競争をして、勝った方がいばってみたり、友達にかくれて、こっそり塾に行って、点をあげようとしたりすることは、おろかだね。競争は、正しい目的をもって、正々堂々としなければならない。

その上で、もし負けたのなら、自分が無力だったことを、すなおに認めて、へりくだるべきだよ。いつまでも、グジュグジュ言って、くやしがっていては困る。そういう人は競争する資格のない人だね。そういう人はどこへ行っても、負けてばかりいる。負けたら、いさぎよく「負けました」といえる人は、勝った人より立派かもしれないよ。負けたら、まず自分が弱かったことを認めなさい。いろいろ言分けをして、理由をつけないこと。「負けたのは、負けたんだ。」これを認めなさい。これが心のへりくだりなんだよ。

　次に、負けたら、そのままにしておいてはいけない。なぜ負けたのか、どこが弱かったのか、その原因をよく考えなさい。もしテストで間違ったところがあれば、そこを直すだけでなく、どうして間違えたのか、考えなさい。あわてんぼうだからか、もう出来たと思って見直さなかったからか、その理由を考えなさい。あわて者は落着けるように、お祈りしなさい。本当に分からなかった時は、分かるまで先生に教えてもらいなさい。こういうことをすれば、段々と成長していくよ。どんな競争でも同じだよ。負けたら、それを自分が成長していくための材料としなければならない。くやしがってばかりいる人は、成長しないね。

　もう一つ大切なことは、勝った友達をほめてあげよう。その友達は、一生けん命努力していたんだからね。「おめでとう、よくがんばったね。」と言ってあげよう。そうすれば、今までよりも、もっとよい友達になれるよ。自分の競争相手は、本当の親友ということになるからね。

競争は、こういうようにしてするんだよ。そうすると、競争が楽しくなるよ。聖書の言葉をおぼえることでも、英語の単語をおぼえることでも、やってみなさい。自分にも友達にも大変プラスになるよ。

『何事でも自己中心や虚栄からすることなく、へりくだって、互いに人を自分よりもすぐれた者と思いなさい。』ピリピ人への手紙2章3節

一八、自分の将来が不安になった時

だれでも青少年時代は、早く大人になりたいという気持と共に、いろいろな不安や恐れを、心の中にもっているものです。

入学試験に合格するだろうか？　どんな仕事をする人になればいいのだろうか？　私と結婚してくれる人はいるのだろうか？　と心配するね。このほかにも、病気の人や、両親のいない人や、もっともっとむつかしい問題をもっている人もいるよ。こういうお友達は、本当に不安になるでしょうね。

しかし、少しも心配する必要はありません。創世記37章から書いてあるヨセフという少

年の物語を読んでごらん。ヨセフは兄さん達に憎まれ、エジプトに奴隷に売られ、そこでは主人の奥さんにウソの罪を押しつけられて、牢獄にさえ入れられたんだよ。牢獄の中では親切にしてあげた王様の家来に、二年間も王様に伝えてくれるのを忘れられたんだ。だけどヨセフは、がっかりしなかった。神様がいつもヨセフといっしょにいてくれたからね。そして13年が過ぎてしまった。ヨセフが30才になった時、王様はヨセフを牢獄から出して、エジプトの国を全部ヨセフにまかせた。そしてキキンが来た時、ヨセフは父と、先にヨセフを奴隷に売った兄さん達を救ったんだね。実はね、この13年間、神様はヨセフを本当に神様の役に立つ人とするために、訓練しておられたんだね。

ヨセフはひとりぼっちだったけれど、神様がいっしょにいてくれたんだよ。君はひとりぼっちかい？ これから先のことが心配かい？ 何か恐れていることがあるのかな？ それならヨセフのように、イエス様が君といっしょにいて下さることを信じなさい。必ずイエス様が助け、導いて下さるよ。イエス様は失敗することも、間違うこともないお方だからね。

『あなたがたは心を騒がしてはなりません。神を信じ、またわたしを信じなさい。』ヨハネの福音書14章1節

一九、自分の思いどおりにならない時

自分の思いどおりになるのは、小さい時だけだよ。かしこい親なら、小さい時でも、何でも子供の思いどおりにさせないね。しかし、小さい時はまだ弱い子供だからというので、みんながやさしくするから、だいたいが思いどおりになるわけだね。けれども、これが大人になるまで続いたらどうなるかな。みんなわがままな人になってしまうね。だから大きくなるに従って、思いどおりにならないことがたくさん出てくるんだね。自分の好きなことができない、試験に失敗する、仕事がうまくいかない、というようなことが、おきてくるんだよ。こんなことが君の両親になかったかどうか、聞いてごらん。

こういう時、どうしたらいいだろうか。ムシャクシャして、おこっていればいいだろうか。がっかりして、ないていればいいだろうか。こんな時に、考えなければならない大切なことがある。

その第一は、自分には出来ないことがあることを、知ることだよ。自分で何でも出来ると思っている人は、高ぶって大失敗をすることがあるんだよ。しかし早くから、自分の力には限りがあることを知って、心がへりくだっている人は、かえってイエス様の祝福を受けることになるね。

第二は、イエス様によりすがる時に、どんな困難にも勝ち進んでいけることを知ることだよ。イエス様に信頼し続けることだね。イエス様も、『わたしはぶどうの木で、あなたがたは枝です。人がわたしにとどまり、わたしもその人の中にとどまっているなら、そういう人は多くの実を結びます。わたしを離れては、あなたがたは何もすることができないからです。』（ヨハネの福音書15章5節）とおっしゃったね。

自分の思いどおりにならないことがあるのは、この大切な二つのことを知るためなのだよ。

『神は高ぶる者に敵対し、へりくだる者に恵みを与えられるからです。』ペテロの手紙第一5章5節

二〇、どちらをしたらよいか、わからない時

良いことをするか、悪いことをするか？ 教会学校に行くか、野球に行くか？ こんなことなら、どちらをしたらよいか、すぐにわかるね。ところがイザという時、なかなか良いことをしたり、教会学校に行くことの方をとれないんだね。それは、自分の心がイエス

様より、楽しい方にばかり向いているからだよ。どちらに決めるかという時には、どちらが楽しいかで決めるのではなく、どちらが大切かを、よく考えて決めなければいけない。楽しい方に行くと、心はイエス様からはなれて、けがれてしまうね。楽しいこともいいけれど、大切な方を第一にすることだね。

もし君がイエス様を信じている人なら、どちらをイエス様が喜ばれるか、わかるはずだよ。それでもわからなければ、教会の先生にたずねてごらん。

もし君がお祈りのできる人なら、イエス様にお祈りして、心に平安が与えられるほうをしなさい。もしはっきりしなければ、もう少し待っていなさい。イエス様が必ず導いて下さるからね。

最後に注意を一つしておこう。君のことを本当に考えてくれていない人や、イエス様に反対している人に相談しないことだよ。必ず間違ったことを教えるからね。

『ただ、キリストの福音にふさわしく生活しなさい。』ピリピ人への手紙1章27節

二一、じっとがまんしていなければならない時

「じっとがまんしていること」は、面白くないし、つらいことだね。それより自分の好きなことをして遊びまわっているほうが、どんなに楽しいだろうか。ところが実は、そうじゃないんだね。好き勝手なことをしている人は、わがままで落着きのない人になってしまって、ついには遊んで暮す人になり、みんなに迷惑をかける人になってしまうね。「じっとがまんする心」は、銀よりも金よりも尊いんだよ。「じっとがまんする心」を持っていなければ、決して幸福になれないよ。花だって、タネを地面にうめて、じっとおいておく。ほじくってはダメだね。芽が出てきても、じっとおいておく。ぬいてはダメだね。そうしているうちに、花がさくんだね。何でもそうだよ。じっとがまんすることは、むつかしいけれども、大切なんだね。すぐにあきて、やめてしまう人は、ぜったいに成功しないよ。勉強だって、じっとがまんして続けていると、必ず出来るようになる。スポーツだって同じだよ。すぐにあきて、教会学校をやめてしまう人がいるけれど、じっとがまんして続けているうちに、すばらしいイエス様が心の中でわかるようになるんだよ。

　すぐに全部わかってしまうものは、中味があまりないんだね。本当に大切なものは、中味が深くて、たくさんあるから、すぐにはわかってしまうことが出来ないんだ。つまらないことで、がまんしなくていいけれど、大切なことは面白くなくても、ガンバロウ。「もうやめようか?」と思ったら、「もう少しがまんすれば、必ずわかるようになる。面白くなる。」と、自分に言いきかせなさい。

「じっとがまんしている」のは、君にとって最も大切な心を訓練していることなんだよ。

「よし、私もやってみよう」と、ハリキッテ下さい。きっとイエス様が助けて下さるから。

『あなたがたが神のみこころを行なって、約束のものを手に入れるために必要なのは忍耐です。』ヘブル人への手紙10章36節

二、目標をめざして、がんばっている時

まず次の二つの聖書の箇所を、じっくり読んで下さい。これらを読むだけで、勝利を得るためには、どうしたらいいかがわかるよ。

第一に、コリント人への手紙第一9章24〜27節を読んでごらん。ここでは、多くの人ががんばっているが、賞を受ける人は少ないと書いてある。どうしてかな？ ほとんどの人が途中でやめてしまうからじゃないかな。

次に26節では、「目標をはっきりさせなさい。」と書いてある。勉強でも、スポーツでも、イエス様のために働くことでも、何のためにそれをしているのか？ 目標をハッキリ

しておかないと、いくらがんばっても、ムダばかりしていることになるよ。何のために勉強するのか？　何のためにスポーツをするのか？　何のためにがんばっているのか、よく考えてみよう。

さて、目標がハッキリしたら、25と27節を読んでみよう。何でも優勝するためには、苦しい訓練をしなければならない。好きなだけ食べて、好きなだけ遊んでいて、金メダルをもらった人はいないんだ。がまんをすること、自分で自分をはげまして、努力を積み重ねることが必要だよ。スポーツの競技で思うことはね、ピーナッツを食べながら応援している人が金メダルをもらうのではなく、毎日汗を流して訓練してきた人が、金メダルをもらうのだということだ。君もこのことを、心の中にしっかりと刻みこんでおきなさい。

もう一つの聖句は、ピリピ人への手紙3章13〜14節だ。これも聖書を開いて読んでみよう。ここには、何が書いてあるかな？　「うしろのものを忘れ」とは、きのうまでのことを全然気にしないことだよ。ついでに、まわりの友達がどうした、こうしたということも、忘れてしまうことだね。キョロキョロと、うしろを見たり、横を見たりしていると、おくれてしまうからね。まっすぐ前を向いて、神様が与えて下さった目標をめざして、一生けん命に走るんだ。うしろや横の人が気になるのは、自分の心に確信がないからなんだよ。心に確信をもつためには、イエス様を信じて、お祈りし、聖書を読むことが大切なんだよ。

『あなたは、学んで確信したところにとどまっていなさい。』テモテへの手紙第二3章14節

二三、ガールフレンドやボーイフレンドが好きになった時

神様は、アダムとエバがたがいに愛し合うようにつくられたんだね。だから私たちも成長してくると、男の人は女の人を愛するようになり、女の人は男の人を愛するようになるんだよ。これは決して悪いことではないよ。よいことなんだ。

しかし大切なことは、男の人も女の人も、神様のもとで愛し合うことだね。そうでないと、興味ばかりになって、本当に相手の心を大切にするような正しい愛ではなくなってしまうんだ。

だからまず、君が好きになったその人を、教会学校にさそってあげなさい。そしてイエス様の愛がわかれば、もっともっと本当の愛がどういうものか、わかるようになってくるよ。そうすれば、本当の友達になることができる。これがもっとも大切なことだね。

おとなになると、結婚するけどね。本当の愛を知らないで結婚すると、大変なことにな

るんだよ。将来のことは、神様が導いて下さるから、神様にまかせて、今は本当の愛はどういうものなのか、イエス様からよく教えてもらいなさい。

こういうことについて、両親や教会学校の先生と話し合ってみることもいいね。

『私たちは、ことばや口先だけで愛することをせず、行ないと真実をもって愛そうではありませんか。』ヨハネの手紙第一3章18節

二四、何でも自分の思うとおりのことが出来て、うれしがっている時

君は、イスラエルの初めから三人の王様の名前が言えるかな？ 第一はサウル王、第二はダビデ王、第三はソロモン王だね。

ところで、この三人とも王様になりたての頃は、心がへりくだっていたのに、王様になって何でも自分の思うとおりに出来るようになると、罪を犯してしまったんだ。サウル王は神様の命令を守らなかったために、神様に捨てられてしまい、ダビデ王は恐ろしいカンインの罪と殺人の罪を犯してしまい、ソロモン王は偶像を拝むようになってしまった。

三人が王様になれたのは、神様の祝福だったけれど、それをいつのまにか、自分の力で

王様になれたように思った時、罪を犯してしまったんだね。これが「たかぶりの罪」だよ。私達はどんなに神様から祝福を受けて成功しても、ますます心をひくくして、弱い自分を神様が助けて下さったからこそ出来たのだ、と思うことが大切だよ。そうすると、神様はまた次の祝福を与えて下さるんだ。

たいていの人は、試験に合格したり、優勝したり、有名になったりすると、いばりだすけれど、そういう人は、もうそれでおしまいだね。苦しい時は神様に一生けん命お祈りするけれど、成功してくると神様を忘れてしまいやすいね。だから、自分の思うとおりになっている時は、神様が、君の心が高ぶるか、へりくだるか、テストしている時だね。成功している時は、苦しんでいる時より、危険なんだね。平地より山の上のほうが危険なんだね。これをよくおぼえておこう。そしてどんな時にも、自分の力をほこるのではなく、神様をほころう。

『神は、高ぶる者を退け、へりくだる者に恵みをお授けになる。』ヤコブの手紙4章6節

二五、誘惑された時

最近は、中学生の間で万引（店から品物をぬすむこと）がはやっているそうだね。これは誘惑に負けてしまって、罪を犯しているんだ。

誘惑は誰にでもある。イエス様も誘惑されたね。マタイの福音書4章1～11節を読んでごらん。悪魔は、私たちを悪の道にさそいこんで、一人でも多く地獄の仲間をつくろうと必死になっているんだ。しかし誘惑されるだけでは、まだ罪を犯したんじゃないから、安心しなさい。誘惑に賛成して、それに従ってしまうと、罪になるんだよ。

それでは、どうすれば誘惑に勝てるのだろうか？　悪魔はなかなかシツコイから、君の力では勝てないよ。そこで誘惑に勝つ方法を教えてあげよう。

第一は、誘惑されるような所に近づかないこと。誘惑を心に感じたら、すぐにそこを離れることだね。自分が欲しい物の前で、ずっと立っていると、つい手を出して盗んでしまうことになりかねないからね。そういう所はサッサと通り過ぎるんだ。それから悪い仲間といっしょにいると、つい仲間意識で罪を犯してしまうこともあるね。友達が悪い計画を話していたら、そこを去ることだね。そのほかにも、くだらないテレビ番組とか、雑誌も見ないことだね。そういうことをいつもしたり、見たりしていると、必ず誘惑に負けて罪を犯すようになるね。

第二は、聖書の言葉を覚えること。教会学校で聖句を覚えるのは、ごほうびをもらうためではなくて、君がその言葉を信じて、悪魔の誘惑に勝つためなんだよ。イエス様だって悪魔に誘惑された時、聖書の言葉を使って勝たれたんだよ。君も心に誘惑を感じる時、聖書の言葉を言ってごらん。悪魔は驚いて逃げるよ。誘惑を感じたら、それをすぐにやるんだ。「ちょっと誘惑を楽しんでから」なんて思っていてはいけないよ。エバはそんなふうにしてヘビの誘惑を楽しんでいたから、ついに恐ろしい罪を犯してしまったんだね。

第三は、毎日、お祈りを続けること。私達は弱くて誘惑に負けやすいから、お祈りして神様の力をいただかなければならないんだよ。だから、自分でお祈りするだけでなく、友達とお祈りし合ったり、教会学校の先生にもお祈りしてもらうといいね。お祈りを続けていると、必ず誘惑に勝てるようになるよ。さあ、がんばろう。

『誘惑に陥らないように、目をさまして、祈っていなさい。心は燃えていても、肉体は弱いのです。』マタイの福音書26章41節

二六、悪い友達にさそわれた時

悪い誘惑は強いから、勇気を出して、すぐにキッパリとことわろう。はっきりしない返

事をしていると、だんだん引きこまれていって、ついに恐ろしい罪を犯してしまうことになるよ。エバが悪魔に誘惑された時、すぐにハッキリとことわらなかったのが、いけなかったね。すぐに「あの木の実は神様が取って食べてはいけないとおっしゃったから、絶対に取って食べません。さあ悪魔よ、さっさと行ってしまえ。」とことわっていれば、アダムとエバはいつまでも、エデンの園でしあわせにくらせたんだよ。

「悪い友達がこわい」と思ってはいけない。イエス様を心に思いなさい。イエス様が君を助けてくれる。勇気を与えてくれる。だからいつでもハッキリことわる態度をとることが大切だよ。そうすれば友達だって、君を悪いことにさそうのをあきらめるからね。グズグズしているのが一番いけないんだ。もしかしたら、君が悪いさそいについてくるかもしれないと思って、いつまでも君をさそうんだ。

マタイの福音書4章1～11節のイエス様が悪魔の誘惑に会われた出来事をよく読んでごらん。悪魔は三回イエス様を誘惑したけれど、三回ともイエス様は聖書の言葉を使って、悪魔の誘惑をことわったね。できたら私たちも、誘惑に会った時には、聖書を開いて、「ここにこう書いてあるから、私はしません。」とことわることが出来たらいいね。その為には、いつも聖書をよく読み、聖書の言葉を覚えておかなければね。毎日一つずつ聖書の言葉を覚えてごらん。それだけで君は誘惑に勝てるようになり、神様に喜ばれる立派な人になれるよ。教会学校の友達と聖書の言葉を覚える競争をしてもいいね。教会学校の先生に相談してごらん。きっと喜んでくれるよ。

『神に従いなさい。そして、悪魔に立ち向かいなさい。そうすれば、悪魔はあなたから逃げ去ります。』ヤコブの手紙4章7節

二七、他人の持っている物が欲しくなった時

だれでも自分が持っていないものを見ると、非常に興味を感じるね。自分も欲しいと思う。しかし、いざ自分のものにしてみると、つまらなくなるものがたくさんあるね。友達がピアノを買うと、自分も買いたくなるが、買ってみると、初めのうちだけ、ものめずらしくひいているが、そのうち見向きもしなくなる。新しい自転車を毎日そうじしたのは何日間だけだったかな？　スケートボード、ラジコンカー、すぐあきたね。

だから、他人が持っているから自分も欲しいというのではなく、本当に自分に必要なものは何か、本当に自分が好きなものは何か、自分が長く続けられるものは何か、をよく考えてみなさい。一時の欲望で買ってはいけない。一ケ月でも二ケ月でも待ってみて、それ

でもなお、欲しいと思うなら、両親と相談してみなさい。

欲しい物をすぐ買うより、お小使をためて買うとか、家の手伝をしてお金をためて買うとか（高いものは両親が買ってくれるでしょう）、がまんし、努力して買うと、喜びが二倍にも三倍にも大きくなり、また買ったものも大切にするようになる。つまらないものも買わなくなる。お店では、つまらない物でも、買いたくなるようにかざっているから、まどわされてはいけないよ。

最後の注意。あまり欲しがりすぎると、むさぼりの罪になるから、気をつけよう。

『いま持っているもので満足しなさい。』ヘブル人への手紙13章5節
『すべてあなたの隣人のものを、欲しがってはならない。』出エジプト記20章17節

二八、他人の悪口を言いたくなる時

他人の悪口を言う時は、自分の心が一番悪くなっている時だよ。悪くない友達を、非常に悪く言って、勝ちほこった気持になったりするね。もし君が友達から悪口を言われたら、君はどんな気持になるかな？　それを考えてごらん。ヨハネの手紙第一3章15節には、『

兄弟を憎む者はみな、人殺しです。いうまでもなく、だれでも人を殺す者のうちに、永遠のいのちがとどまっていることはないのです。』と書いてある。だからもし、君が他人の悪口を言うなら、君はその人を心の中で殺したことになるね。恐ろしいことだ。恐ろしい心を持っていることになるね。

でも安心しなさい。イエス様は、そんなに悪い心の為にも、十字架にかかって下さったんだから。すぐにおわびのお祈りをして、イエス様を信じよう。

もし君が誰かから悪口を言われたら、こう思いなさい。「私が悪口を言ったのではなく、私が言われたのだから、感謝だなあ」と。自分が悪口を言うより、言われる方がどんなにいいかもしれないよ。

他人の悪口を言いたくなったら、そんな心を持っただけでも罪なんだから、イエス様にお祈りして、心をきよめていただきなさい。

『さばいてはいけません。そうすれば、自分もさばかれません。人を罪に定めてはいけません。そうすれば、自分も罪に定められません。赦しなさい。そうすれば、自分も赦されます。』ルカの福音書6章37節

二九、罪がなかなか止められない時

ヤコブの手紙1章15節に、「欲がはらむと罪を生み、罪が熟すると死を生みます。」と書いてある。これは、欲ばっていると必ず罪をおかすようになり、罪をおかし続けていると、なかなかやめられなくなって、ついに地獄に行くようになることを教えているんだね。

私たちは、長い間罪の生活を続けてきたから、罪に慣れてしまっているんだね。それに加えて、心の中に罪の性質をもっているから、誘惑には弱いし、罪の力にすぐに負けてしまうんだね。

それでは、この強敵の罪の力に勝つためには、どうしたらいいんだろうか？　それを考えてみよう。

まず、君はどんな時に、罪の力に負けてしまうかな？　一生けん命お祈りしている時や聖書を読んでいる時には、罪を犯さないね。罪をおかすのは、たいていイエス様を忘れてしまっている時だね。それから、悪いことだと知りながら、それを楽しんで続けている時だね。ほかにも、友達といっしょにいる時、友達につられてやってしまったりするね。

こういう時に、罪をおかさないようにするためには、毎日聖書を読み、お祈りして、いつもイエス様を心におぼえておくことだよ。イエス様を忘れている時は危険だよ。アクマにスキを与えているんだ。勉強する時も、遊ぶ時も、お祈りしてからするといいね。心の中でお祈りするだけでもいい。これを実行すると、罪をおかすことが少くなるよ。

それから、誘惑があるような所には、行かないこと。つまらないテレビや週刊誌は見ないこと。そういうものから離れていることだね。ストーブの上に手をおいて、ヤケドしない人がいるだろうか？　いないね。それなら、罪をおかすように誘惑するものに近づいて行って、罪をおかさないでいられるはずがないね。そういうものには、近づかないことが大切だよ。

もう一つお話しておこう。だいたい罪をおかした時は、こう思うね。「しまった！　もう罪をおかすのをやめよう。」でも二、三日もすると、また同じ罪をおかすね。つまり自分の力や決心では、どうにもならないことがわかるね。いままで君がいくら努力しても、決心しても、罪がやめられなかったのは、自分の力でやっていたからだよ。自分の力じゃだめなんだ。イエス様を信じて、心の中に聖霊の力をいただかなければ、罪の力に勝てないんだよ。イエス様をしっかり信じている人の心は、アクマも誘惑できないんだね。「よし、がんばるぞ！」と言わないで、「よし、イエス様を信じるぞ！」と言おう。そうすれば、罪の力に勝てる。罪をおかし続けていると、イスカリオテのユダのようになってしまうからね。

『私の子どもたち。私がこれらのことを書き送るのは、あなたがたが罪を犯さないようになるためです。もしだれかが罪を犯したなら、私たちには、御父の御前で弁護してくださる方があります。それは、義なるイエス●キリストです。』ヨハネの手紙第一2章1節

三〇、罪を犯して苦しい時

君が苦しんでいるのは、自分の犯した罪をかくしているからだと思うよ。アダムとエバも罪を犯した時、神様をさけて木のかげにかくれたね。その時心は平和ではなかった。ダビデも、ウリヤという自分の家来の奥さんをとってしまい、夫のウリヤを一番戦いのはげしい戦場に行かせて殺してしまった。ダビデはこの罪をかくした。そのとたんに、ダビデの心は、夏のひでりのようにカラカラになり、苦しくなった。また、たえず大きな石が頭を押えているように悩んだね。詩篇32篇を読んでごらん。ダビデが罪をかくしている間は、ズーット苦しみが続いた。しかしとうとう耐え切れなくなって、神様におわびした時、罪がゆるされて、ダビデの心は平和になった。

自分ではかくしていると思っていても、神様は全部知っておられるんだね。君の心が苦

しいのは、「かくしている罪を、おわびしなさい。」という神様のお声なんだよ。心から神様におわびし、また迷惑をかけた人におわびしてごらん。必ずゆるしてくれるよ。おわびするのを、こわがってはいけない。勇気を出して正直におわびするんだ。そうすれば、今すぐ君の心は平和になる。イエス様は、君のその罪をゆるすために十字架にかかって下さったんだから。

『もし、私たちが自分の罪を言い表わすなら、神は真実で正しい方ですから、その罪を赦し、すべての悪から私たちをきよめてくださいます。』ヨハネの手紙第一1章9節

三一、どうしてもイエス様が信じられない時

イエス様が信じられない理由は、二つしかない。だから、自分はどちらの理由か、よく考えて、それがわかったら、教会の先生にどうしたらいいか教えてもらいなさい。

第一の理由。よく知らないから。イエス様を信じるためには少なくとも三つのことを知らなければ、信じることができないよ。その三つとは、第一に、イエス様はなぜ十字架にかかったのか？　ということだね。これを君はわかるかな。くわしいことは教会の先生に

聞きなさい。だけど簡単にいうと、イエス様は君のおかした罪のために、君の代りに刑罰を受けて十字架におかかり下さったんだよ。だから、イエス様を信じれば、君の罪は全部ゆるされるわけだね。

次に、自分は罪を犯している罪人だということを知っているかな？　「私は悪いことをしたことありません。」とか、「私は罪人ではありません。」と思っている間は、イエス様を信じることができないね。聖書が教えている罪というのは、どろぼうしたり、人殺しをしたりするだけでなく、うそを言ったり、いじわるしたり、よくばったり、実際には悪いことをしなくても、心の中でよくないことを思ったりするだけでも、罪なんだよ。だから、一度も罪を犯したことがないという人は、世界中に一人もいないね。君は、イエス様を悲しませるようなことを、したことがないかな。もしあったら、ノートに書き出してごらん。イエス様は君のその罪のために十字架にかかられたんだよ。

さて第三番目に知っておかなければならないことは、「信じるとは、どうすることか」だね。イエス様を信じると言っても、イエス様は目に見えないから、どうしたらいいかわからない、という人も多いね。だけど目に見えていたって同じだよ。たとえば、君のお父さんが君に、「帰りにはプレゼントを買ってきてあげるよ。」と言ったら、君は信じるかな。何を信じた？　お父さんの顔を信じたかな？　それともお父さん全体かな？　そんな気もするけど、本当はお父さんの言った言葉を信じているんだね。それと同じように、イエス様を信じるという時にも、イエス様のまぼろしを信じるのではなく、イエス様の言葉を信じるんだよ。イエス様の言葉とは聖書だね。

　これで、どうしたらイエス様を信じることができるか、わかったでしょう。それでもまだ信じられない人がいたら、その人はもう一つの理由があるんだね。その人はけっきょくイエス様を信じたくないんだね。自分で勝手なことをしていたいんだと思うよ。イエス様を信じると、わがままなことや、悪い楽しいことができなくなり、教会にも行かなければならないのがイヤだからじゃないのかな。実は、これがもっとも恐ろしい罪なんだ。だれだって初めから大悪人ではない。しかし小さい罪を重ねていくうちに、帰ってこられないほど、イエス様から遠くはなれてしまうんだよ。もし君が「イエス様を信じたくないなあ」と思っているなら、それはアクマのささやきだよ。そういう気持をふりすてて、「いや、私はイエス様を信じる」と大声で叫んでごらん。

　イエス様を信じることは、とっても大切なんだ。「信じると毎週教会学校に行かなければならないし、めんどうなことになるんじゃないか」と思う人もあるけれど、それもアクマのささやきだ。君が勇気を出してイエス様を信じるなら、イエス様は必ず君を立派な人にして下さり、本当にしあわせにして下さるよ。さあ、思い切ってイエス様を信じよう。

『信じない者にならないで、信じる者になりなさい。』ヨハネの福音書20章27節

三二、イエス様を信じたい時

「イエス様を信じたい」という人はたくさんいるけれど、「イエス様を信じます」という人は少ないね。どうしてだろうか？ きっと、どうしたらイエス様を信じることができるのか、よくわかっていないからだと思うね。

イエス様を信じるというのは、イエス様の絵やまぼろしを信じるんじゃないんだ。イエス様の言葉を信じるんだね。たとえば、「もし、私たちが自分の罪を言い表わすなら、神は真実で正しい方ですから、その罪を赦し」（ヨハネの手紙第一1章9節）と書いてあれば、正直に自分の罪をイエス様におわびしたら、神様は、イエス様の十字架によって、自分の罪をぜんぶゆるして下さったと信じることだよ。聖書に書いてあるとおりに信じるんだよ。

その時大切なことは、本当に正直な気持で、イエス様に罪のおわびのお祈りをすること。ふざけていたり、かくすような気持でお祈りしても、イエス様は君の心の中を知っておら

れるから、罪をゆるしてもらえないよ。君の罪のために、イエス様は十字架にかかられたんだからね。「本当に、ごめんなさい」って、真剣に、まじめに、お祈りしなさい。そうすれば、必ずイエス様はお救い下さるよ。イエス様を信じる時には、必ず教会の先生に話して下さい。そうすれば間違いなく、イエス様を信じることができるよ。

次に、信じたあとのことも、ちょっとお話しておこう。君がイエス様を信じると、アクマもすぐにきて、君を誘惑するからね。気をつけなさい。「おまえ、イエス様を信じたというけれど、ずいぶん悪いこともしているぞ。それは本当にゆるされているのか？ どうせ、すぐにまた罪をおかすにきまっているよ。」ってね。そういう時には、こうしなさい。まず、「アクマが何と言ったって、私はイエス様を信じているんだ。」と言い切りなさい。アクマはイエス様に弱いからね。すぐに逃げていくよ。これをしないで、アクマが心に思わせることで心配していると、アクマの言うとおりになってしまうよ。キッパリと「私はイエス様を信じている。」と言うんだね。

それから、毎日、聖書を読み、お祈りすること。聖書は、教会学校で勉強したところを復習してもいいし、自分で次々と読んでいってもいい。聖書を初めて読む人は、マルコの福音書から読むといいよ。このようにして、毎日イエス様を信じていると、聖霊が心の中に住んで下さっていて、力強い信仰にしてくれるからね。

その次は、教会学校を休まずに、キチンと出席することだね。そして教えられたことを帰ってから、実際にやってみよう。これを信仰の働きというんだね。実行しなければ、信仰は強くならないからね。さあ、やってみよう。実際におこなう人を、イエス様は助けて下さるね。

『神は、実に、そのひとり子をお与えになったほどに、世を愛された。それは御子を信じる者が、ひとりとして滅びることなく、永遠のいのちを持つためである。』ヨハネの福音書3章16節

三三、お祈りがなかなか答えられない時

神様がお答えにならないお祈りは、一つもないんだよ。どんなお祈りにも、ぜんぶ答えて下さっているんだ。だけどね、神様のお答は、私達が願っていることと、いつも同じではないんだね。ある時は、返事がないのが、神様の答ということもあるからね。君のお父さんだって、君が間違ったものをたのんだりすると、「ダメ」とか、だまっていることがあるでしょう。それが答なんだね。

そこで、お祈りする時の大切な心がまえを教えてあげよう。まず、罪をおかしていないか、よく反省してみなさい。心の中で友達を憎んでいたり、かくしていたりするものがあってはダメだよ。

『見よ。主の御手が短くて救えないのではない。その耳が遠くて、聞こえないのではない。あなたがたの咎が、あなたがたと、あなたがたの神との仕切りとなり、あなたがたの罪が御顔を隠させ、聞いて下さらないようにしたのだ。』（イザヤ書59章1～2節）

『もしも私の心にいだく不義があるなら、主は聞き入れてくださらない。』（詩篇66篇18節）

もし自分の心の中に罪があるのがわかったら、どうしたらいいのだろう。すぐにイエス様におわびして、イエス様の十字架を信じて、ゆるしていただくことだね。これをちゃんとしないで、いくら祈っても、神様は聞いて下さらない。線が切れている電話で、いくら「もしもし、もしもし」と言っても、相手に通じないのと同じだね。

つぎに、君が祈っていることは、神様に喜ばれるためか、それとも自分のよくばりのためか、よく考えてごらんなさい。神様がお答えになる祈りは、神様を喜ばせるお祈りだけなんだよ。神様は、君のよくばりの心を満足させるためには、決してお答えにならないからね。よくばりの祈りはやめなさい。

『願っても受けられないのは、自分の快楽のために使おうとして、悪い動機で願うからです。』（ヤコブの手紙4章3節）

それから、神様が君の願を、もっと先にいってかなえてあげようと思っておられる時もある。生れたばかりの赤ちゃんに、ピアノや自動車を買ってあげるのは、早すぎるね。君にだって、早すぎるものがあると思うよ。それに神様は、お祈りに答えて下さる時には、一番よいものを下さるから、答えて下さるまでに長くかかることがあるんだ。

神様が君に、もっともっとお祈りしてもらいたいと思っている時も、なかなか答えて下さらないね。イエス様が『求めなさい。そうすれば与えられます。』（マタイの福音書7章7節）とおっしゃったね。これは「ちょっと求めれば、すぐ与えられる」という意味ではないんだね。「がまん強く求めつづけなさい。そうすれば与えられます。」という意味なんだ。

さいごにもう一つ大切なことを教えてあげよう。お祈りしたあと、すぐにわすれてしまってはいけないことだ。いつでもどこでもお祈りしている時の気持をもつこと、イエス様をほめたたえている気持をもちつづけるように注意しなさい。そのような心になれば、必ず神様は君のお祈りに答えて下さるよ。

三四、聖書がわからない時

聖書は大人の言葉で書いてあるから、わからない所もあるでしょう。だけど、大人になったらわかるというものではないよ。聖書はイエス様を信じたらわかるようになる、不思議な本なんだ。

まず教会学校で、いっしょうけんめいに聖書のお話を聞いてごらん。わからない所があったら、どしどし教会学校の先生にきくといい。喜んで教えてくれるよ。

こどものための聖書物語を読むのもいい。教会学校で貸してくれる本もあると思うよ。それを借りて読みなさい。

むつかしい所があったら、とばして読みなさい。君は魚を食べる時、骨から食べるかな? 肉から食べるかな? 肉から食べるでしょう。骨は残しておくね。聖書にも骨のような所があるからね。そこの所はひとまず残しておきなさい。

教会学校で、聖書を読む競争をしてもいいね。きっとごほうびが出るよ。

『幼いころから聖書に親しんで来たことを知っているからです。聖書はあなたに知恵を与えてキリスト・イエスに対する信仰による救いを受けさせることができるのです。』テモテへの手紙第二3章15節

三五、弱い人に親切にしてあげたい時

これはとってもいいことだ。ひとり一人が弱い人を助ける時、世界は平和になるんだね。これ以外に世界を平和にする方法はないよ。

さて何から始めるとするか？　ちょっと君のまわりの人を考えてごらん。友達がいなくてひとりぼっちの人はいないかな。そういう人には何をしてあげることができるだろうか。君のおやつを半分分けてあげて、話したり、遊んだりすることができるね。好きな友達となかよくするのは、だれにだってできる。君は友達のいない人の友達になるようにしなさい。イエス様はそういう人の友になってくれたからね。

つぎに病気の人はいないかな。病気の人には、おみまいのカードをもって、はげましに行こう。あまりさわいではいけないよ。だけど君が来てくれただけで、大喜びすると思うよ。病気の人は、喜ぶことが大切なんだ。病気の時はいつも暗い気持になるからね。友達といっしょにおみまいにいってもいいよ。その時には、教会の先生によく注意を聞いて下さい。先生にいっしょに行ってもらうと、なおいいね。

そのほかに、外で目の見えない人や体の悪い人や、年をとった人に会ったことがないかな。そういう人が信号の所で立っていたら、手をとっていっしょにわたってあげよう。階

段の所もあぶないから、手をとってあげよう。乗物の中も手をとって座らせてあげよう。「はずかしい」なんて言ってはいけない。もし君が、目の見えない人や体の悪い人だったら、そうしてもらうと、どんなに助かるか考えてごらん。イエス様はそういう心からの親切を喜ばれるんだよ。

『あなたがたが、これらのわたしの兄弟たち、しかも最も小さい者たちのひとりにしたのは、わたしにしたのです。』マタイの福音書25章40節

三六、イエス様を伝えようと思う時

イエス様を伝えることは、もっとも大切なことだから、よくお祈りして聖霊の助けをいただいて、がんばって下さい。

イエス様を伝えると、すぐにわかることは、人々がなかなか信じてくれないことだね。だから、ただ伝えているだけではあまり効果がないんだよ。

まず君がみんなから信用される人になりなさい。ふだん人がいやがることをしておりながら、イエス様を伝えても、誰もまじめに聞いてくれないね。だから勉強をがんばるのも、

親切にするのも、家の手伝をするのも、みんなイエス様を伝えるための準備なんだ。そう思ってがんばりなさい。そうすれば、両親や学校の先生だって、君の言うことを信じるようになるよ。イエス様を伝えるために、みんなの模範となりなさい。

次に、イエス様を伝えようと思っている人のためにお祈りしなさい。ようくお祈りしてから、イエス様を伝えると、神様がその人の心に先に働いて、信じる心にして下さるからね。特に家族やなかのよい友達のためには、その人がイエス様を信じることができるように、毎日お祈りしなさい。

それから教会学校の話をしてさそったり、クリスマスや野外集会にさそってあげるといいよ。それに教会学校でもらえるパンフレットなどを何回も何回もあげるといいよ。イエス様は君をとおして多くの人を救いたいと思っておられるんだからね。

『みことばを宣べ伝えなさい。時が良くても悪くてもしっかりやりなさい。』テモテへの手紙第二4章2節

三七、家族や友達が死んだ時

生れてきた人は必ず死ぬ。これはもっとも悲しいことだね。人はどうして死ぬのだろうか？　神様に罪をおかしたからだね。『罪から来る報酬は死です。』（ローマ人への手紙6章23節）と聖書に書いてあるね。

だけどイエス様は十字架にかかって下さって、私達の代りに死んで下さったから、イエス様を信じているなら、体が死んでも、そう悲しまなくてもいい。もう一度、生きかえらせて下さるから。これを復活というね。君はもうイエス様を信じているかな？　まだなら一日も早くイエス様を信じなさい。私達のこの地上の生活は、天国に入るための準備なんだよ。だからいつも死のために準備しておかなければならないんだ。おじいさんやおばあさんから先に死んでいくとは限らないからね。神様によばれた順に行くわけさ。

さらに、自分だけ天国に行くのではなく、家族や友だちも天国に行けるように、イエス様を伝えてあげることが、君の大切な役目じゃないかな。体が死ぬことは、さびしいことだけれど、イエス様を信じているなら、天国に入ることだから、かえってうれしいことにもなるね。しばらくのおわかれっていうことかな。また天国で会えるからね。

『私たちはイエスが死んで復活されたことを信じています。それならば、神はまたそのように、イエスにあって眠った人々をイエスといっしょに連れて来られるはずです。』テサロニケ人への手紙第一４章14節、

教会学校生徒のちから　定価580円（本体563円）

1981年4月1日　第1版第1刷発行
1993年10月1日　第1版第7刷発行

著　者　まなべ　あきら

発行所　地の塩港南キリスト教会文書伝道部
〒233 横浜市港南区上永谷5－22－2
電話045(844)8421

ISBN4－924852－10－4

書籍の入手が困難な方のために

◎　近くにキリスト教書店のない方、また図書案内をご希望の方は直接「地の塩港南キリスト教会文書伝道部」にご注文、あるいはお申し込みください。郵送致します。（三千円以上ご注文の場合、送料無料。「友の会」もあります。詳しくは当部にお問い合わせください。）

◎　当文書伝道部では、開拓伝道や文書伝道の支援のために、献金のご協力をお願い致しております。主にありて宜敷お願い申し上げます。

書籍のお申し込み、ご献金の送り先とも、

地の塩港南キリスト教会文書伝道部

〒233 横浜市港南区上永谷５－22－２

電話 045（844）8421

郵便振替　口座番号　00250－1－14559（1994年4月末までは横浜5－14559）

加入者名　宗教法人
地の塩港南キリスト教会

既刊図書案内

（図書案内をご希望の方は、直接、地の塩港南キリスト教会文書伝道部まで、
お申し込みください。）

（子ども用）

アイディア・ゲーム　弟子ゲーム　一五〇円

教会学校生徒のためのいのり　B六判　六三頁　三〇九円（本体三〇〇円）（十七刷）

教会学校生徒のしつもんはてな　B六判　八六頁　五八〇円（本体五六三円）（七刷）

教会学校生徒のちから　B六判　七〇頁　五八〇円（本体五六三円）（七刷）

教会学校生徒のあい　B六判　八六頁　四六四円（本体四五〇円）

教会学校生徒の日日のみことば　B六判　六四頁　四三三円（本体四二〇円）

おさなごのいのり　大型判　二〇頁　四九四円（本体四八〇円）

（大人用）

家庭の幸福と子供のしつけ　新書判　一四六頁　九八〇円（本体九五一円）九刷

妻の役目　B六判　一二三頁　一二三六円（本体一二〇〇円）

人を動かす愛（対人関係の秘訣）　新書判　九六頁　六八〇円（本体六六〇円）十四刷

知られざる力　新書判　二一六頁　一〇三〇円（本体一〇〇〇円）（一二刷）

今日を生かせ！　B六判　四二頁　重刷準備中

仕事に挑戦　B六判　一二七頁　一〇三〇円（本体一〇〇〇円）（五刷）

心を満たす祈り　B六判　六九頁　四九四円（本体四八〇円）（六刷）

うれしくて　B六判　一二一頁　七〇〇円（本体六八〇円）

ジーンとくる生き方　B六判　一一五頁　七〇〇円（本体六八〇円）

愛の絆によって　B六判　一〇七頁　五九七円（本体五八〇円）

宇宙の終末　B六判　一三五頁　七七三円（本体七五〇円）

救われる為の実際方法　B六判　一〇六頁　五六七円（本体五五〇円）（三刷）

日本人のための福音入門　B六判　一〇九頁　八八〇円（本体八五四円）五刷
聖書から学ぶ救いの道（書き込み式テキスト）A五判二二頁　一五五円（本体一五〇円）
さると人間（進化論は本当に科学か？）　一八頁　六二円（本体六〇円）
自己建設　B六判　一五七頁　九〇六円（本体八八〇円）
父と子のふれ合いの秘訣　新書判　六七頁　四九四円（本体四八〇円）
子どもの心を育てる　B六判　一六二頁　九〇六円（本体八八〇円）
聖書が答える死と未来　B六判　八三頁　四九四円（本体四八〇円）
実りある生活の秘訣　B六判　一七五頁　一〇〇九円（本体九八〇円）
心の平安　B六判　五三頁　四三三円（本体四二〇円）
家庭でできる創造的人格教育　B六判　二九二頁　一八五四円（本体一八〇〇円）
勉強ができる子できない子　B六判　二二六頁　一八五四円（本体一八〇〇円）
悩みに勝つ力　B六判　二五二頁　二〇六〇円（本体二〇〇〇円）三刷
みことばの黙想(1)創世記　B六判　一七四頁　一〇〇九円（本体九八〇円）

子どもの体力と創造力　B六判　一五五頁　一六〇〇円（本体一五五三円）
中高生へのアドバイス　B六判　一一七頁　九八〇円（本体九五一円）
結婚へのアドバイス　B六判　一六四頁　一六〇〇円（本体一五五三円）
最高の生き方　B六判　九三頁　八八〇円（本体八五四円）
敬虔な生活の訓練　A五判　三一〇頁　三六〇〇円（本体三四九六円）
クリスチャンの成長の秘訣　一九九四年一月発行予定